MIREILLE DE REI

POTERIE 5

Terres mêlées

ULISSEDITIONS

15 rue de Prony
92600 Asnières

Directeur de la collection: John Tittensor
Photos: Peter Maidment
Maquette: Mario Giamar
Photocomposition: Comp2, Turin
Réalisation: In-folio, Turin

Dépôt légal: 2e semestre 1995

ISBN 2-907-601-47-4

Imprimé à Hong-Kong par Colorcraft

Table des matières

Une sélection des œuvres de Mireille de Reilhan.

Préface

Dans la plupart des grandes mythologies, en Orient comme en Occident, des contes cosmogoniques mettent en scène les rapports premiers des hommes et des Dieux: la création de l'univers matériel comme celle des espèces vivantes qui le peuplent. L'homme primitif naît de la terre, façonné par un Dieu qui le modèle à son image, qui lui insuffle son haleine de vie pour lui donner une âme, tout en le destinant à retrouver – au soir de son existence terrestre, et en ce qui concerne son être corporel – cette matière indifférenciée, cette argile primitive, berceau et "lit d'éternité" de chacun d'entre nous. "Poussière, tu es poussière, et à la poussière tu retourneras", car "comme toi, d'argile je suis pétri" dit le sage Elihu au pauvre Job anéanti par l'adversité.

Une traduction plus serrée des textes de la Genèse eut dû parler de terre et d'argile en particulier, comme le font souvent les textes sacrées de quelques autres religions. Et si le Dieu de la Bible, comme les démiurges des autres traditions, modèlent les hommes dans ce limon argileux fondamental, ceux-ci leur rendent bien en les modelant à leur tour dans la même matière: sous forme d'effigies ou de statues innombrables, pour leur donner une dimension matérielle, une représentation plus concrète et plus propice à la dévotion et à la prière. C'est dire que dans ce travail de l'argile, le profane et le sacré ont toujours été intimement mêlés et que l'on peut y trouver bien souvent, comme disent les orientaux, le lieu de la rencontre du Ciel et de la Terre.

Autre conjonction, inouïe en quelque sorte, celle de la tradition et de la science la plus actuelle: la biologie de pointe décrypte au sein de la matière argileuse les assemblages des chaînes d'ARN et d'ADN, comme si cette science moderne cherchait à justifier et à traduire dans un langage rationaliste et un savoir expérimental ce que les textes sacrés décrivaient en un langage mythique.

Quant aux techniques mises en œuvre à partir des possibilités intrinsèques de l'argile et de la céramique: de tout temps l'argile a fait preuve de maintes propriétés thérapeutiques,

Trois motifs marbrés: des bols de Mireille de Reilhan.

à la faveur de son pouvoir absorbant et fixateur des toxines, des virus et des bactéries. Et on note de nos jours les prothèses médicales aux néocéramiques utilisées dans la navette spatiale américaine. L'argile a donc traversé les siècles, hautement appréciée par Hippocrate, Galien, les apothicaires du moyen âge et par les maîtres actuels de la faculté de médecine.

Mais en ce qui nous concerne, et à propos de ce qui fait la matière de ce livre, une autre rencontre nous intéresse au plus haut point: celle de l'utilitaire et de l'esthétique.
Car cette *kerameia*, cet art et cette technique de la céramique et du travail de la terre en général, a produit dès l'origine, des œuvres et des objets qui ont servi de pivot en quelque sorte à tel ou tel type de civilisation; ou qui ont engendré simplement, à partir de leur découverte et de leur production, une organisation sociale bien particulière: le rôle architectural de la terre battue, séchée, travaillée etc, et plus tard de la brique moulée et cuite est bien évident.
Mais, plus primitivement encore, la fabrication de poteries qui permettaient le transport et la conservation des aliments et des liquides développait conjointement un rapport à la nature et des relations sociales complètement différents.
Ce qui est ici remarquable pour nous, c'est que ces objets primitifs (amérindiens, africains ou asiatiques) que

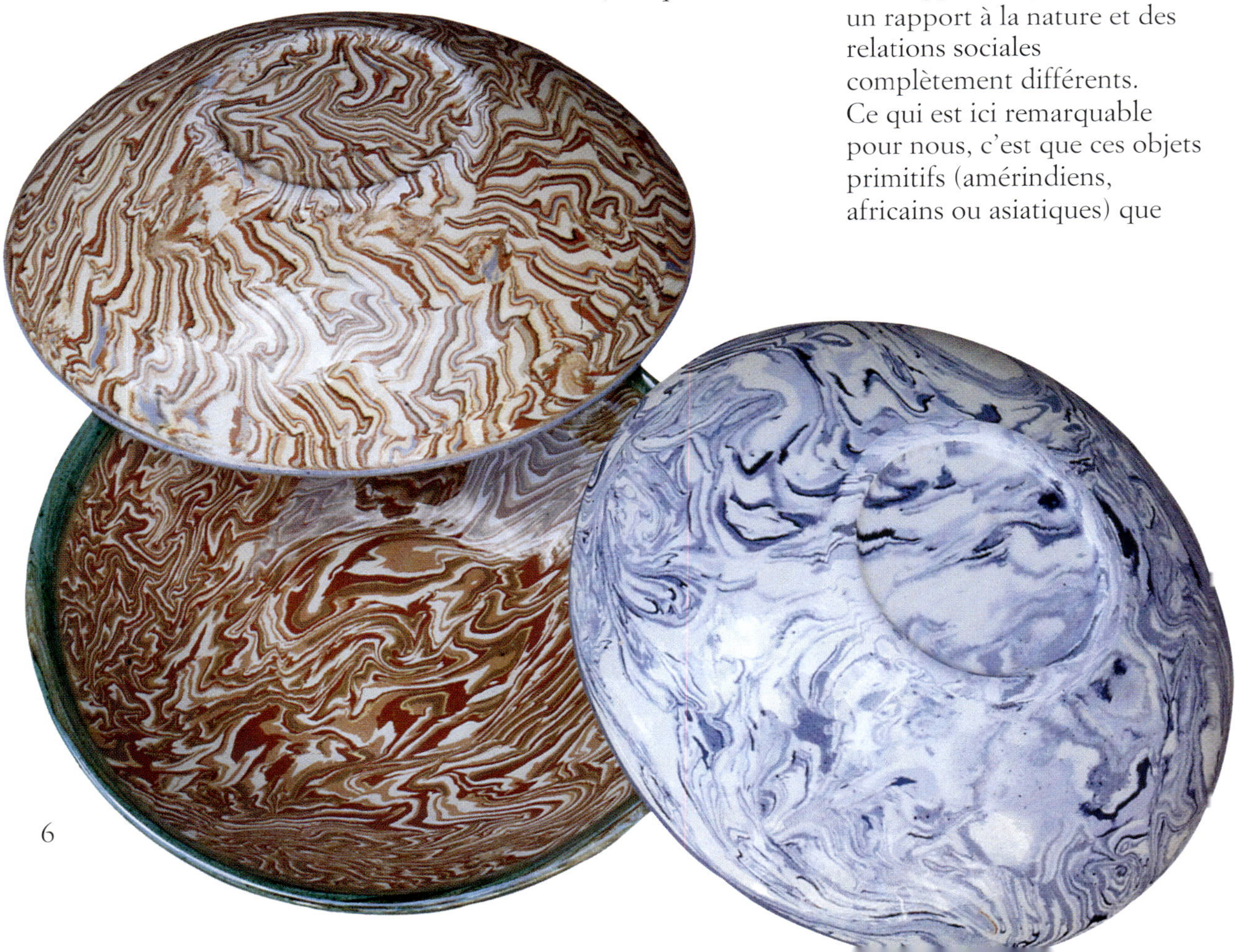

Motif géométrique répété: un beau cendrier.

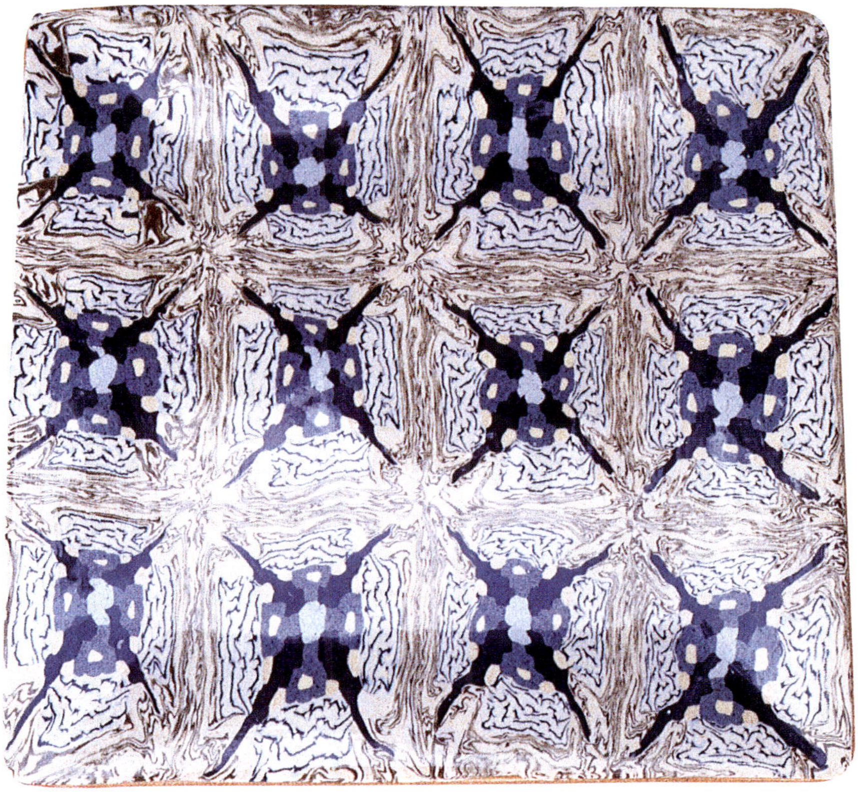

beaucoup s'accordent aujourd'hui à trouver beau, n'étaient investis à l'origine que de ce que Malraux appelle une "beauté de hasard": c'est-à-dire que pour l'artisan qui le fabriquait, la fonction pratique était avant tout recherchée.
Ce n'est que bien plus tard que l'artisan à tenté consciemment de produire une œuvre d'art en travaillant prioritairement sur la recherche des formes et des couleurs.
Pourtant, bien avant cette recherche esthétique opérée délibérément, le travail de l'argile était déjà considéré comme une activité noble dans la plupart des cultures: par le simple fait de l'amélioration considérable de la vie quotidienne – tant individuelle que collective – qu'il permettait.
Mais bientôt, ce travail de la terre, ce pétrissage de l'argile (qui, dans un premier temps, se pétrit effectivement comme la pâte à pain du boulanger) enrichi de ce projet esthétique, prenait une dimension presque sacrée: du fait que l'œuvre d'art peut être considérée comme une véritable nourriture spirituelle pour celui qui la produit comme pour celui qui la contemple.
L'œuvre d'art nourrit l'esprit comme le pain nourrit le corps. Et si ce pain devient lui aussi parfois à ce point sacré qu'il se transmue en corps divin, il en est de même pour l'argile, pour le travail de l'argile, activité prométhéenne qui permet le jaillissement à partir de la matière brute des formes et des couleurs rêvées par l'artiste.
Le pain, l'argile... méditons sur cela: au moyen âge, lors des périodes de disette, le boulanger mélangeait de l'argile à sa farine et la terre devenait ainsi directement nourricière. Cette géophagie, nous la retrouvons dans toutes les cultures et à tous les âges.
Mais revenons au travail de la terre: il est notable que les potiers et les céramistes ne se disent pas artistes, mais artisans d'art; comme s'ils voulaient mettre l'accent sur le côté manuel de leur activité; sur la domestication progressive de cette matière qui résiste jusqu'à l'hostilité et qu'il faut apprivoiser patiemment; sur la maîtrise technique que suppose ce métier et qui va de pair avec la quête de la beauté à laquelle ils se livrent. Comment ne pas évoquer pour illustrer cette recherche spirituelle, conjointe à l'acquisition d'un savoir-faire pratique rigoureux, ces potiers marocains, balinais ou indiens à l'âme mystique et aux mains paysannes. Lieu de rencontre là aussi du Ciel et de la Terre.

De la ferveur, de la gravité, mais aussi un humour léger et de la tendresse à revendre, il y a tout cela chez Mireille de Reilhan, et ses œuvres lui ressemblent.
Elle paraît avoir trouvé dans le travail de la terre et de la céramique la possibilité de mettre en œuvre et de synthétiser les différentes recherches auxquelles elle s'est livrée jusqu'ici, les voies diverses qu'elle à explorées avant de se consacrer pleinement à cet art: peinture, sculpture, dessin publicitaire, travail sur les tissus dans une grande maison de couture, collages etc... La céramique et le travail de la terre lui permettant, en plus de l'utilisation toujours possible de ces techniques particulières, un affrontement direct et sensuel avec la matière.
Puis son retour dans un petit village du Languedoc après une longue période marocaine ou dans d'autres régions de France. Retour menant à la découverte de ces argiles veinées, striées, irisées, jaspées ou monochromes, géologiquement constitutives des contrées provençales et méditérranéennes et qui matérialisent la lumière de ces paysages du sud. Retour qui lui à permis de trouver comme beaucoup d'autres le lieu idéal pour ce type de travail.
Des vases aux formes généreuses ou d'autres à la pureté abstraite d'un dessin cubiste, des supports très simples comme la toile d'un peintre: plats, assiettes, cendriers, ne sont que de simples prétextes lui permettant de développer une richesse graphique, qui a séduit quelques grands collectionneurs américains et japonais, ainsi que la boutique Christian Dior de l'avenue Montaigne à Paris ou le musée des Arts Décoratifs.
Si les influences ou plutôt les allusions sont parfois évidentes – en ce qui concerne les thèmes traités tout au moins: sa série des tournesols et des iris par exemple – il ne s'agit jamais d'imitation, mais d'exploration et d'appropriation. Et si le nom de Van Gogh peut être évoqué, ce seront ceux de Vasarely ou de Delaunay qui viendront parfois à l'esprit; ou bien encore devant ces marbrés aux tons chauds et denses, comment ne pas retrouver l'Afrique du Nord, le Mali ou la Mauritanie.
Jamais imitation donc; mais émotions suscitées par des formes et des couleurs rencontrées au hasard d'un voyage, d'une exposition, ou d'un paysage entrevu un soir d'été, quand l'air saturé de chaleur fait vibrer les couleurs des fleurs et des arbres.

Si la matière résiste comme nous le disions, si la technique de terres mélangées exige de l'artiste une compétence technique de haut niveau, la très grande richesse graphique, la densité et la chaleur de certains tons, mais aussi l'utilisation parfois de couleurs diaphanes et aériennes, donnent à certaines des œuvres de Mireille de Reilhan une légèreté accentuée ou soulignée par les motifs représentés: papillons évanescents, poissons somptueux des lagons polynésiens aux eaux transparentes.
Une autre céramiste de grand talent, Ayca Riedinger, fait remarquer dans son livre que l'on retrouve dans le travail de la terre ces quatre éléments fondamentaux dont parlent également les cosmogonies traditionnelles: la terre, l'air, l'eau, le feu. Cela est tout à fait manifeste dans les céramiques de Mireille de Reilhan: tant du point de vue de cette technique particulière des terres mélangées, de leur préparation, de leur cuisson, etc... que du point de vue de la qualité picturale de ces œuvres qui se donnent comme une manifestation concrète de ces éléments dont elles réalisent toute la force et toute la beauté plastique.
Il y a de l'Alchimie ou comme elle aime le dire elle-même, de la magie dans ce travail.
En fin de compte l'univers de Mireille de Reilhan est un univers infiniment poétique.

Alain Perraud

1. *Petit historique*

La technique des terres mélangées (ou terres mêlées) est pratiquée par peu de céramistes. Le travail lent et minutieux qu'elle nécessite; le caractère relativement imprévisible des phénomènes de retrait au séchage ou à la cuisson (qui vont entraîner un taux d'insuccès plus important que pour les autres techniques); et la qualité même du graphisme et des jeux de couleurs, impossible de prévoir d'une façon précise – autant de facteurs qui vont la rendre souvent incertaine et problématique. Par contre l'inégalable richesse de ce graphisme et la somptuosité des couleurs qui orneront une pièce réussie feront que quelques-uns s'y risqueront tout de même.

Assiette aux motifs "damier" et rayures.

Les Orientaux (potiers chinois et japonais) en ont compris et développé depuis longtemps toutes les ressources.
Dès le 7e siècle, on voit apparaître en Chine le motif *marbré* dans la poterie populaire. Il s'agit déjà d'assembler des plaques, des bandes ou des morceaux d'argile colorée (en utilisant les couleurs naturelles des diverses argiles disponibles).
A l'époque Song, entre le 10e et le 13e siècle, l'esthétique des potiers chinois continue à favoriser les marbrures pour les objets utilitaires: coupes, brûle-parfums, presse-papiers, bols… Puis, ces maîtres de la céramique préféreront jusqu'au 20e siècle se consacrer à leurs recherches sur la porcelaine et sur les terres à grès; non plus colorées *dans la masse*, mais laissées à leur blancheur translucide ou agrémentées en surface par de subtiles dessins au pinceau.

En France, ces techniques apparurent au 18e siècle. Claude François Moulin, né en 1738 et Jacques Barthélemy, né en 1741 ouvrirent leur manufacture à Apt en 1768. C'est à eux que l'on attribue l'introduction en France de la faïence fine appelée encore *porphyre* ou *portor*, du nom des marbres auxquels elle ressemble.
Cette terre marbrée dans la masse imitait la faïence fine à l'agate produite depuis 1740-1750 par les faïenciers anglais Thomas Whieldon et Josiah Wedgwood.
Cette technique fut reprise à Orléans et Sarreguemines, à Douai dans le nord, à Thuin près de Perpignan au 19e siècle et enfin par Pichon à Uzès au début du 20e siècle.
Si Apt est incontestablement devenue le centre français et même européen de la terre mêlée, il semble que le véritable initiateur de cette technique fut César Moulin qui, vers 1728, au Castellet, eut l'idée de fabriquer ses premières poteries en juxtaposant les terres argileuses rouges, vertes, brunes ou blanches que lui offrait cette région du Ventoux et qui plus tard flatteront les yeux de bien des peintres paysagistes. Les premières faïences polychromes détrônèrent ainsi les faïences jaunes traditionnelles. Et ce marbré est devenu si célèbre que beaucoup d'artistes actuels sacrifient encore à la tradition!
Certains autres ont tenté pourtant d'élargir la gamme des colorations et des motifs représentés en faisant appel à ces couleurs que nous permettent les oxydes métalliques et à des procédés de fabrication comme celui des incrustations – variante du nériage – dont nous reparlerons par la suite.

Poissons *(1993)*.

2. Le nériage ou la magie des terres mêlées

Il n'est pas de plus grande fascination ni de plus grande magie que celle du travail de la terre colorée.
A l'inverse de certains potiers qui n'obtiennent de résultats qu'à l'ultime étape de leur travail (voire en fin de cuisson) dans la technique du nériage (terme emprunté au japonais) le plaisir est immédiat et commence dès l'instant où le regard se pose sur les colorants.
Les gammes de couleurs sont là devant vos yeux, et tout de suite commencent à vibrer.
Alors le film démarre.
On les imagine les unes avec les autres, les unes contre les autres, et dans l'esprit se révèle tout entier l'objet à réaliser.
Puis il se concrétise.
Mais quand je dis magie, c'est qu'à chaque instant, dans chaque manipulation, on parle couleurs, chaleur, vie. A partir de ces vibrations, à chacun d'exprimer ou d'interpréter, de faire naître une œuvre.

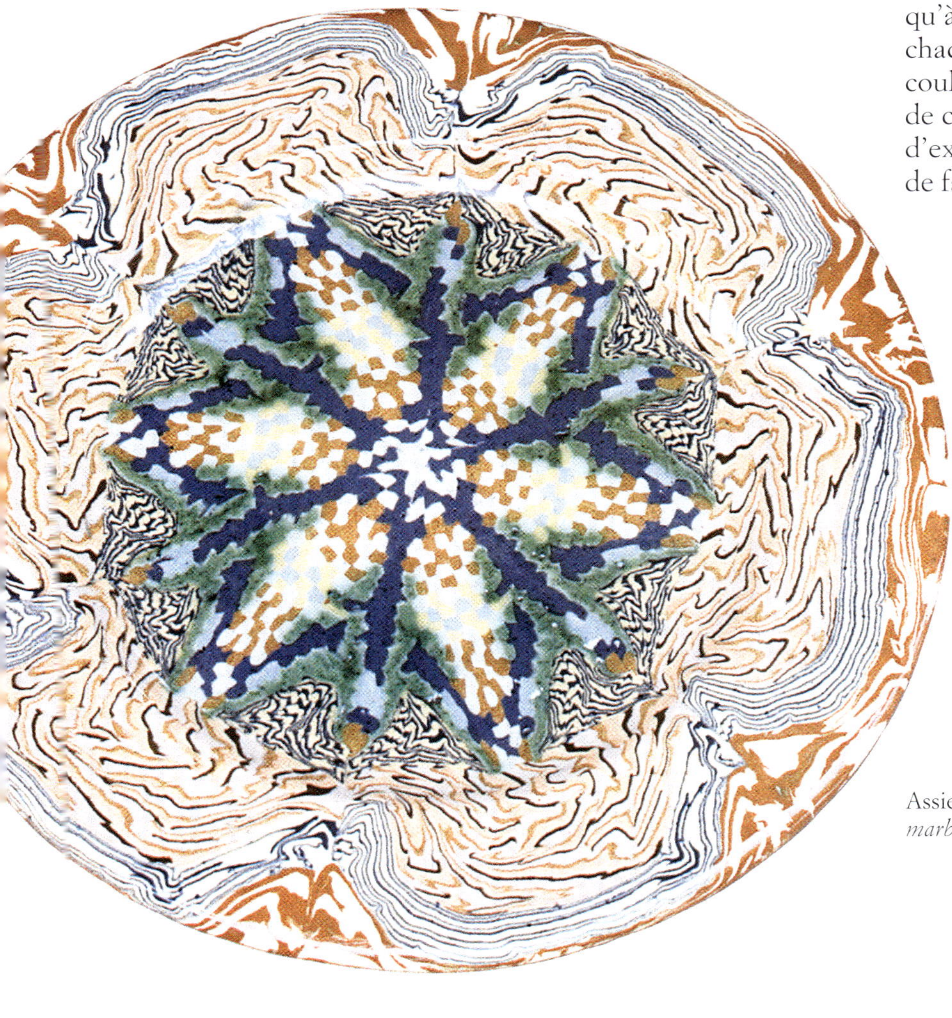

Assiette *(1993). Une belle alliance de marbrures et de motifs géométriques.*

La technique du nériage

Papillons *(1992). Une image diaphane, aérienne.*

La plupart des céramiques que nous pouvons admirer, qu'elles soient tournées, moulées, ou travaillées d'une autre manière, sont généralement peintes en surface, décorées au pinceau, ou glacées (c'est-à-dire recouverte d'une pellicule qui lui donne sa couleur ou ses couleurs grâce à l'utilisation de certains oxydes étalés sur l'argile qui cristallisent lors de la cuisson de la pâte).
Dans la technique du nériage il s'agit de tout autre chose.
La coloration ou le graphisme ne sont plus superficiels, mais noyés dans la masse de l'argile; c'est-à-dire que l'on utilisera des terres de couleurs différentes que l'on mêlera subtilement pour composer le dessin ou l'agencement de couleurs recherchés.
La méthode principale consiste donc à assembler des plaques, des bandes ou des morceaux d'argile colorée dans un moule; ou bien à insérer par incrustation des formes décoratives en pâtes colorées dans la surface d'une plaque de terre de faible épaisseur.
Il s'agit, comme on le voit, d'un travail semblable à celui auquel se livre l'ébéniste quand il compose ses marqueteries.
Cette méthode permet de réaliser un graphisme d'une grande richesse, mais le travail, lent et exigeant, demande une grande précision. Pourtant, malgré la minutie du procédé, le taux d'insuccès pendant l'assemblage, le séchage et la cuisson reste élevé: ne serait-ce que par le fait du retrait uniforme des diverses terres qu'il nécessite. Cette uniformité, on doit aussi la retrouver dans la préparation des mélanges; il sera dans ce sens préférable de composer un engobe à l'aide d'argile en poudre auquel on ajoutera des colorants, plutôt que d'utiliser de l'argile en pain.
Un séchage aussi lent que possible s'impose. Et avant cela, une hydratation uniforme des différents éléments doit être maintenue. Une fois séchées, les pièces doivent être grattées à l'estèque, puis poncées minutieusement à la laine d'acier ou au tampon jex. Pour finir, un émaillage transparent dont on les revêtira, viendra en accentuer la vivacité des couleurs et en souligner la richesse du graphisme.
Mais, avant d'en arriver à la contemplation de l'objet terminé, qu'il réponde à une ambition esthétique ou qu'il soit fonctionnel, revenons-en à cette matière brute et inerte de laquelle le travail minutieux, la virtuosité et l'inspiration du céramiste vont tirer l'œuvre la plus raffinée et la plus accomplie: à cette argile aux potentialités si multiples.

L'argile

Comme Alain Perraud le montre dans sa préface, l'argile est un matériau aux utilisations et aux possibilités si nombreuses qu'il nous faut bien nous résoudre à ne l'envisager que sous l'angle particulier qui nous intéresse dans le travail de la céramique; et plus précisément encore, dans cette technique du nériage, c'est-à-dire des terres mélangées.
Cette argile sert à créer, à construire, à contenir, à écrire même – comme le fait ce scribe assis d'une statuette éminemment célèbre: à l'aide d'un stylet d'argile durcie, il grave sur des plaquettes d'argile molle la comptabilité, les lois, les œuvres et les légendes du Pharaon de l'ancienne Egypte.
Cette même matière sert aux Dieux à modeler l'Homme et à l'Homme à modeler l'effigie des Dieux qu'il s'est donnés.
Cette argile donc est un matériau extrêmement courant, abondant et facile à extraire.
De ce fait elle est bon marché et pourtant très riche de possibilités utilitaires et esthétiques comme nous le disions: grâce à son exceptionnelle plasticité, qui

Assiette aux motifs marbrés et fleuris.

lui vient de sa structure en cristaux minuscules et en lamelles, et à l'eau qu'elle contient au sein même de sa structure cristalline et avec laquelle elle s'associe très facilement.

Sources de l'argile

Nous la trouverons dans les lacs et les fonds océaniques, mais aussi partout où les pluies abondantes et les basses températures vont provoquer la désagrégation des roches. Les roches que le temps et les intempéries désagrègent ne seront évidemment pas les mêmes partout.
L'érosion et la décomposition de l'écorce terrestre produiront donc des argiles différentes selon les lieux; et le céramiste devra tenir compte, bien entendu, de la couleur, de la composition chimique, de la réaction aux différentes techniques de modelage ou de séchage de chacune d'elles; ainsi que de son comportement à la cuisson.
En fin de compte, la poterie ne deviendra faïence, grès ou porcelaine que si les matériaux sont choisis avec soin, dosés et assemblés selon les propriétés particulières de chacun, puis cuits aux températures et aux conditions requises.
Ce qui explique que l'artisan préférera souvent (surtout lorsqu'il s'agit d'un non professionnel) acheter des terres préparées et éviter ainsi de trop désagréables surprises.

3. Quelques généralités de base

La plupart des argiles sont composées d'alumine et de silice (famille des feldspaths) auxquelles sont intimement mêlées de petites quantités d'autres minéraux: quartz, matières carboniques, oxyde de fer etc. Les proportions de ces différents constituants donnent à chaque argile sa spécificité. On distingue deux grands groupes d'argiles: les primaires et les secondaires.

1. Les primaires

On les trouve à l'endroit même où la décomposition des roches s'est effectuée. La plus courante (et la plus célèbre) est le *kaolin*, du nom d'une colline située près de la ville chinoise de Jau Chan Fu, d'où l'on extrait depuis des siècles cette argile très pure qui est à l'origine des célèbres porcelaines chinoises.
En effet, cette pureté rend le kaolin pratiquement inutilisable à l'état brut; par contre, mélangée à certains autres minéraux, comme la bentonite notamment, elle sauvegarde les deux qualités fondamentales requises pour la porcelaine: la blancheur et la résistance.

2. Les secondaires

Ces argiles ont été déplacées de leur lieu d'origine sous l'effet des différents phénomènes géologiques: les eaux de ruissellement surtout. Elles ont fini par se déposer en couches sédimentaires, non sans avoir ramassé au passage toutes sortes d'impuretés minérales ou végétales qui leur donnent leurs particularités: couleur, plasticité, taux de retrait au séchage et à la cuisson, etc.
Ces terres très fines et de structure lamellée sont aussi extrêmement plastiques et

Les poissons font partie des motifs préférés de l'auteur.

donc faciles à travailler.
On les appelle habituellement *ball clay* (argile en boule), nom qui leur vient de la forme sous laquelle elles étaient transportées dans les usines anglaises au début de l'ère industrielle.
Les matières végétales en décomposition ramassées tout au long de leurs pérégrinations géographiques leur donnent une couleur bleutée ou noire, mais elles retrouvent à la cuisson une blancheur ou un ton chamois des plus suaves.
Autre matériau annexe ramassé au hasard des milieux traversés: l'oxyde de fer. Les argiles rouges proviennent de cette rencontre.

Argiles primaires, argiles secondaires...
Chaque genre comprend en fait un grand nombre d'argiles particulières quant à la couleur, à la texture, à la plasticité, à la ductilité... auxquelles la tradition a donnée un nom:
- provenant du nom même du gisement: montmorillonite, kolinite, illite, attapulgite...
- décrivant une caractéristique ou un aspect original: glauconite, chlorite, vermiculite...
- soulignant une propriété: saponite, smectite...
- ou établissant une sorte de dédicace à un chimiste, un géologue ou un artiste qui l'avait étudiée ou découverte: halloysite, leverrierite, dickite, etc...

De ce fait, n'étant la plupart du temps ni géologue, ni chimiste, ni physicien, le céramiste aura donc recours comme nous l'avons dit à des argiles préparées aux caractéristiques bien définies.

A gauche: Oiseaux *de Mireille de Reilhan. Une belle alliance de rayures et de marbrures.*

A droite: *Détail de l'assiette aux oiseaux.*

Les argiles préparées

Tous les potiers savent que, comme le bon vin, l'argile s'améliore en vieillissant.
Sous l'effet des bactéries qui l'habitent, sa plasticité s'accroît avec le temps.
Un sage taoïste affirmait qu'il utilisait aujourd'hui l'argile qu'il avait préparé dans une vie antérieure et qu'il préparait maintenant celle qu'il utiliserait dans une vie future.
Une autre variante de l'histoire prend en Chine la forme d'un adage: le potier chinois prépare la glaise qu'utilisera son petit fils et façonne ses poteries avec celle que lui a léguée son grand-père.
Les occidentaux ont rarement la patience et la sagesse d'accepter comme les orientaux ce lent travail du temps. Ils se contenteront donc le plus souvent, pour hâter le vieillissement de l'argile qu'ils vont utiliser, d'y mélanger une petite quantité d'argile préparée de longue date.

Mais, en quoi consiste donc cette préparation?
On sait qu'à l'état naturel l'argile commercialisée dans les magasins spécialisés sous forme de poudre en sac ou de masse plastique malléable, peut être grise, chamois, rouge, verdâtre, brune ou blanche

Deux beaux pains d'argile.

Un sac d'argile en poudre avec son sachet de défloculant.

selon la quantité de fer qu'elle contient. L'obtention d'autres tons et d'autres nuances nécessitera, comme nous le verrons par la suite, l'adjonction d'oxydes colorants dont chacun déterminera après cuisson une couleur particulière.
Pour l'instant, nous disposons donc de notre argile brute que nous aurons achetée chez un fournisseur spécialisé.
Il s'agit d'une argile prête à l'emploi que nous aurons choisie en fonction de sa plasticité et de sa coloration.
Elle se présente à nous, le plus souvent, sous la forme de pains malléables d'à peu près une douzaine de kg enveloppés dans un emballage plastique – mais nous la préférerons en poudre lorsqu'il s'agira de la colorer comme nous le verrons par la suite.
Nous aurons donc eu la prudence de ne pas amasser des quantités excessives de cette argile: le travail de reconstitution que nécessiterait un dessèchement précoce du matériau pourra de cette façon être évité.
En ce qui concerne la plasticité, on établira une distinction entre les terres à façonner, à modeler, à tourner et à couler.
Mais en règle générale, les argiles seront classées selon leur température de cuisson.

On peut réduire la grande diversité des argiles à cinq types principaux

• L'***argile rouge***: la plus courante. Celle que l'on utilise pour la terre cuite (faïence). Le tourneur appréciera sa grande plasticité.
Sa température de cuisson (1000° à 1080°) n'altérera pas sa chaude couleur rouge originelle.

• L'***argile blanche***, crème ou rosée à l'état brut, conservera après cuisson (1060° à 1180°) sa couleur initiale.

• Le ***grès***, de couleur grise, prendra après cuisson (1200° à 1300°) une couleur chamois.

• La ***porcelaine***, dite ***tendre***, et pourtant peu plastique (température de cuisson 1240° à 1260°) se prêtera principalement au tournage.

• La ***porcelaine traditionnelle***, dont la couleur crème deviendra après cuisson (1280° à 1350°) la plus blanche des terres préparées.

Le battage d'un bloc d'argile demande du temps et un maniement vigoureux.

Le pétrissage

Nous le disions plus haut, la terre dont nous avons fait l'emplette dans un magasin spécialisé est à peu près prête à l'emploi. Pourtant, les surprises désagréables que nous voulons éviter à tout prix, nécessitent une manipulation supplémentaire. De quoi s'agit-il?
Les craquelures, les déchirures que nous risquons de rencontrer à la cuisson ou lors du séchage, sont provoquées par un manque d'homogénéité de notre matériau – ou bien simplement par l'inclusion au sein de celui-ci de bulles d'air qu'il nous faudra éliminer.
Nous allons pour cela nous mettre à pétrir notre pâte, à la battre, à la malaxer à l'instar du boulanger qui traite de cette manière la pâte à pain.
Le pain d'argile sera coupé avec un fil, chaque morceau subira le traitement précité, puis nous pourrons reconstituer le pain, qui cette fois présentera un aspect et une texture tout à fait homogène.
Laissons-le reposer quelques temps; et en attendant d'en avoir l'usage, conservons-le au frais, enveloppé dans des feuilles de plastique à l'abri de l'air, dans une humidité permanente qui en évitera le dessèchement.

Choix des argiles

Nous avons prévenu le lecteur que nous devrons dans ce livre nous résoudre à ne décrire que ce qui concerne la technique particulière dite du nériage, c'est-à-dire des terres mélangées.
Dans celle-ci, les seules pâtes naturelles que nous pourrons utiliser en fonction de leur couleur sont les pâtes rouges et les pâtes blanches (pâte à terre cuite ou à faïence) dont la température de cuisson est relativement basse. Nous ne devrons pas confondre ces dernières avec la terre à porcelaine, blanche également, avant et après traitement au feu, mais dont la température de cuisson est bien supérieure.

La recherche des jeux de couleurs

Spécificité du nériage
Ce qui fait l'originalité de cette technique et ce qui lui donne toute ses potentialités esthétiques, c'est la recherche des jeux de couleurs à laquelle se livrera le céramiste et qui va de pair avec la subtilité du graphisme des motifs représentés.
Ces couleurs ne nous sont pas données naturellement.
Nous allons les fabriquer à l'aide d'oxydes métalliques.
Dans cette procédure, l'utilisation d'argile en poudre s'impose: il est bien entendu plus facile de colorer une argile liquide (un *engobe* que nous aurons préparé en diluant cette poudre dans l'eau) et d'y mélanger intimement un concentré d'oxyde de manganèse ou de cobalt par exemple que de tenter de colorer une argile en pâte.

Préparation d'une argile liquide
Tout d'abord, fabriquons notre *barbotine* en diluant cette argile blanche en poudre dans une quantité d'eau adéquate jusqu'à obtention d'une crème liquide et fluide: 3 litres d'eau environ suffisent pour 12 kg de terre en poudre.
L'aide d'un délayeur électrique dont les pales agiteront le liquide onctueux dans la cuve pendant le temps voulu, sera toujours apprécié.
Pour des quantités plus modestes le mélange manuel n'a rien de redoutable.
Ce qui est, par contre, à redouter dans ce genre de préparation, comme dans les préparations analogues propres à l'art culinaire, ce sont les "grumeaux". Il suffira d'ajouter à notre préparation un sachet de *défloculant* pour obtenir une crème onctueuse et parfaitement homogène.

Adjonction des oxydes
C'est à une petite quantité de cette barbotine que nous

Une sélection d'oxydes colorants.

allons ajouter les oxydes que nous aurons délayées dans un peu d'eau. Les oxydes se présentent eux aussi sous forme de poudres de différentes couleurs.

Exemple
Une cuillère à café de poudre d'oxyde métallique sera diluée dans un bol avec une cuillère à soupe d'eau. Nous remplirons ensuite le bol de barbotine en mélangeant bien le tout, jusqu'à obtention d'un liquide à la couleur uniforme.
Il ne reste plus qu'à laisser sécher l'engobe jusqu'à ce qu'il soit maniable. Beaucoup de potiers versent simplement le liquide coloré dans un bac en plâtre ou sur une plaque de placoplâtre qui absorbera une certaine quantité d'eau et permettra un séchage progressif.
Une fois ce séchage terminé, lorsque l'argile colorée aura acquis la consistance d'une pâte à modeler souple qui se détachera facilement de son support, la plaque sera mise en boule, malaxée et pétrie comme nous l'avons décrit pour les pains d'argile en pâte.
Cette fois tout est en place.
La matière première brute et inerte n'attend plus que l'inspiration de l'artiste pour prendre forme, c'est-à-dire pour "trouver son âme".

Préparation d'une barbotine: la perceuse est munie d'une mèche mélangeuse.

Séchage de l'engobe dans un bac en plâtre.

4. *Le local et l'outillage*

Pour réaliser son œuvre, aussi modeste soit-elle, l'artisan d'art va devoir manipuler son matériau de base de bien nombreuses façons. Il va le malaxer, le battre, le couper, le découper, l'aplatir; lui faire épouser la forme d'un moule, le couler, le gratter, le polir, l'enduire, le sécher... et enfin, le cuire.
Il s'agit donc, comme nous le voyons, de manipulations qui, comme pour toutes les réalisations artisanales – qu'elles soient artistiques ou simplement utilitaires – nécessitent un outillage, un équipement bien précis, et un lieu qui s'y prête.

Le local idéal

Il est toujours préférable en ce sens de disposer d'un local entièrement consacré à notre activité. Le travail de la céramique est un travail très "physique": les moules et les pièces elles-mêmes sont souvent d'un poids respectable et d'une manipulation pas toujours aisée – ne serait-ce que par le fait de leur fragilité aux différentes étapes de leur élaboration.
Nous gagnerons donc à éviter au maximum les manipulations inutiles. L'idéal est que nous disposions d'un local (même de dimension modeste) où tout est rassemblé, où le four sera à proximité des tables de fabrication et de tout l'outillage nécessaire à celle-ci. Un local bien éclairé, facilement chauffable (l'humidité permanente dans laquelle nous travaillons peut être assez pénible à la saison froide) et si possible communiquant facilement avec l'extérieur: le séchage des pièces en plein air, le ponçage qui produit beaucoup de poussière et qu'il faut mieux faire dehors, le stockage des sacs d'argile dans un endroit frais, abrité et dans une atmosphère plutôt humide pour éviter le dessèchement précoce du matériau s'en trouvent facilités.
Toutefois le céramiste amateur pourra se contenter d'une simple cuisine! De plus, de cet atelier répondant aux impératifs pratiques de notre production, organisé à notre convenance et selon nos goûts et dans lequel nous trouverons des pièces finies, des pièces en cours de fabrication, les matériaux que nous aurons à utiliser, les outils etc... il se dégagera un climat et une

Dans l'atelier de Mireille de Reilhan.

ambiance propices à la création et à la recherche.
Le sol de ce local sera facilement lavable et le point d'eau auquel nous aurons sans cesse recours devra être d'un accès facile.
Des rayonnages qui recevront les moules, les pièces à tous les stades de leur élaboration et tout le petit matériel dont nous aurons besoin, garniront les murs de notre atelier.
Un délayeur (cuve munie à l'intérieur de pales rotatives commandées électriquement) facilitera la fabrication de la barbotine.

Le nériage consiste comme nous l'avons dit à fabriquer des pièces de céramique en assemblant des bandes et des morceaux d'argile de différentes couleurs.
Une grande partie de ce travail se fera à plat sur un support approprié. L'une des tables qui occuperont le local sera garnie d'une plaque de marbre ou simplement d'une plaque de bois dur ou d'isorel qui permettra le découpage, l'assemblage, etc de ces bandes et de ces morceaux d'argile.

Petits outils

Quelques outils indispensables:

- *La taillette (pour la coupe des plaques)*
- *Ciseaux*
- *Estèque en caoutchouc*
- *Pinceau*
- *Tournassins*
- *Rouleau*
- *Fil à couper*
- *Couteau*
- *Ebauchoir en bois*
- *Mirette*
- *Couteau perce-pièce*

Quant aux outils manuels proprement dit, nous ne saurions nous passer:

– d'un fil à couper la pâte (fil de nylon, ou fil de fer de faible section, d'une cinquantaine de centimètres de long et reliant deux anneaux ou deux morceaux de bois pour en faciliter la prise);

– d'un rouleau (en bois de préférence) de la taille d'un rouleau à pâtisserie;

– d'un ébauchoir pour le modelage;

– de mirettes tranchantes;

– d'une tournette;

– d'estèques en caoutchouc pour lisser la pièce;

– d'un couteau à découper (de plusieurs, même, de dimensions différentes).

Le découpage des morceaux avant leur assemblage artistique joue un grand rôle dans cette technique: une lame d'ébauche, un bec de corbin (simple triangle métallique affûté et fixé sur un manche de bois) et divers tournassins: petites plaques d'acier de formes diverses (rondes, triangulaires, carrées) aux bords légèrement affûtés, s'avéreront tous utiles.
Ainsi que:

- une petite meule éléctrique, qui facilitera l'affûtage régulier de ces outils de découpe;
- des éponges (naturelles ou synthétiques) de tailles et de textures différentes;
- des tampons jex ou de la laine d'acier pour le ponçage;
- des seaux et des bassines;
- des tamis;
- des pinceaux pour l'application de l'émail;
- une pince à émailler;
- une perceuse.

Et puis, des outils improvisés: plus que tout autre art ou que tout autre artisanat, la céramique est une recherche permanente de procédés, de techniques, d'astuces, et donc d'outils particuliers que chacun fabriquera à sa convenance.

Toutefois, s'il en a la possibilité financière, le céramiste débutant pourra acquérir dans ces magasins spécialisés que nous avons déjà visités, un *kit du potier* qui lui fournira les outils indispensables à tout travail un peu sérieux et une notice explicative qui précisera le rôle et le maniement de chacun d'eux.

Hygiène, sécurité

Ajoutons pourtant à notre liste le tablier, les gants et, à ne pas oublier, le masque: l'absorption par les poumons de poussières toxiques lors du ponçage est à éviter. De même, les lunettes protectrices s'avéreront indispensables pour le meulage.
A ce propos, il nous faut mettre l'accent sur quelques mesures élémentaires de sécurité.
Nous avons déjà suggéré, par exemple, de loger son four à proximité des tables de fabrication pour éviter tous les déplacements pénibles et inutiles des pièces produites souvent nombreuses et lourdes.
L'idéal serait en fait que le four soit placé à l'extérieur du local, surtout s'il s'agit d'une alimentation à gaz: la présence de produits volatiles dans l'atelier, les gaz nocifs dégagés par certaines cuissons, etc, pouvant entraîner le danger d'explosion ou d'intoxication, une aération appropriée est donc indispensable.

De même, l'humidité permanente du sol, des mains, des tables ou des objets qui occupent l'atelier nécessite un parfait état du système éléctrique (câbles, prises, interrupteurs). Il faut de toutes manières prendre l'habitude systématique de se sécher les mains avant d'avoir un contact quelconque avec ce système, qu'il s'agisse du four, de l'éclairage ou des machines électriques: perceuse, délayeur, etc.

5. Les moules

Puisqu'il s'agit pour nous de décrire avec un peu de précision notre travail des terres mélangées, il nous faut dire quelques mots sur un ustensile qui est pour nous aussi indispensable que peut l'être un tour pour un potier traditionnel: le moule.
Le moulage *en creux* ou *en bosse*, remonte presque à l'origine de la poterie.

Moules en creux et en bosse.

Les potiers chinois l'ont toujours pratiqué. De même, les Indiens de l'Amérique précolombienne.
Les embaumeurs de l'ancienne Egypte moulaient les visages du Pharaon et de ses proches que la mort venait d'atteindre: les masques mortuaires qui nous sont parvenus sont sans doute les objets de plâtre les plus anciens que nous possédions.
Et tout au long de l'histoire de l'Art, nous retrouvons ce matériau utilisé non seulement par les céramistes, mais aussi par les plus grands sculpteurs.

Si le travail du plâtre exige de l'utilisateur une grande dextérité (chez les maçons même, le plâtrier est un spécialiste!), il lui offre en contrepartie la possibilité de reproduire avec une fidélité souvent étonnante les formes et les textures les plus fines et les plus compliquées.
Peu de céramistes fabriquent eux-mêmes leurs moules.
Ils laissent généralement ce soin à un spécialiste à qui ils confieront un modèle qu'ils auront confectionné et qu'ils voudront reproduire quant à la forme.
Le plâtre (sulfate de calcium

hydraté, broyé, et chauffé à 150°) – du gypse tout simplement – se prête particulièrement bien à cet usage. Toutefois, son maniement est délicat: nous savons par exemple que la *prise* (le durcissement), est irréversible...

Deux vues d'un bol après le démoulage.

Dans l'application de notre technique du nériage, nous avons recours en permanence à ces moules, puisqu'il s'agit pour nous de reproduire des formes simples qui ne se prêtent pas spécialement au tournage ou à la fabrication manuelle, mais qui trouvent leur originalité dans le graphisme et la couleur de chacune. Il s'agit de plats, d'assiettes, de cendriers, de bols, de vases et de quelques autres objets du même genre. Pourtant, ces formes apparemment simples nécessitent parfois des moules à plusieurs pièces qui devront s'ajuster avec précision et qu'il aura fallu calculer avec une précision égale en tenant compte des impératifs pratiques propres à son utilisation; véritable travail de professionnel.
Le coulage du moule s'effectuera autour d'un modèle d'argile, de bois, ou de tout autre matière ne risquant pas de se déformer sous l'effet de l'humidité du plâtre de coulage et que nous aurons confectionné ou fait fabriquer par un professionnel habitué au matériau choisi: ébéniste, etc... Au céramiste qui décide de fabriquer lui-même ses moules, nous conseillons d'acquérir un manuel pratique qui le guidera dans son ouvrage.

Nous disposerons ainsi d'un moule convexe et concave (moule en creux et en bosse) dans lequel nous pourrons disposer notre plaque d'argile constituée préalablement.
Cette fois notre matériel est en place: les moules, la barbotine, l'argile en pâte conservée dans un chiffon humide, les argiles colorées (engobes), les outils prêts à l'emploi et l'imagination en éveil!
Nous allons pouvoir donner libre cours à notre créativité; mettre enfin en application ce nériage auquel nous faisons allusion depuis le début de ce livre.

A droite: *Préparation d'une assiette à incrustations sur un moule en bosse.*

L'atelier de l'auteur:
stockage des moules.

6. *Les marbrés*

Réalisation d'un marbré

Prenons l'exemple d'un marbré de quatre couleurs. Il faudra, comme nous l'avons expliqué plus haut, préparer plusieurs "balles" de terre de différentes couleurs et de la grosseur chacune d'une balle de tennis.

De la même façon que nous étalerions une pâte à tarte, nous allons préparer notre marbré.

- Après avoir battu et pétri la terre, nous étalerons la balle de terre blanche, par exemple, à l'aide du rouleau en bois.
- Nous répétons l'opération pour le vert, le rouge, le bleu marine… Puis nous empilons l'une sur l'autre ces plaques colorées.
- Avec le plat de la main, frappons de nouveau le bloc que nous venons de constituer, pour chasser les bulles d'air et l'écraser légèrement.
- Avec le fil à découper, séparons le baston en deux morceaux que nous allons superposer.
- Puis nous recommençons l'opération!

Plus nous voulons qu'apparaissent des rayures fines sur la section du bloc, plus nous devrons répéter l'opération! Nous découpons ensuite à l'aide de notre fil de fines lamelles dans le sens de la longueur du bloc: 2 à 3 mm d'épaisseur pour des incrustations de surface, 7 à 8 mm pour constituer un motif dans toute l'épaisseur de la plaque. Ces lamelles, nous les posons à plat sur notre support de marbre puis en les enroulant ensemble nous formerons un baston de terre.

Cette assiette combine diverses marbrures et un motif à fleur.

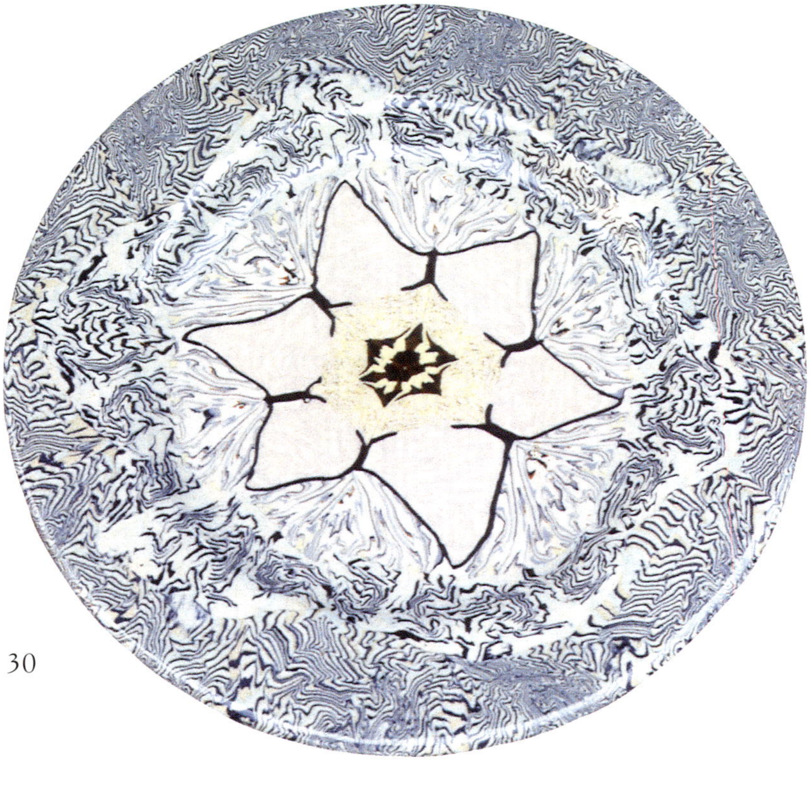

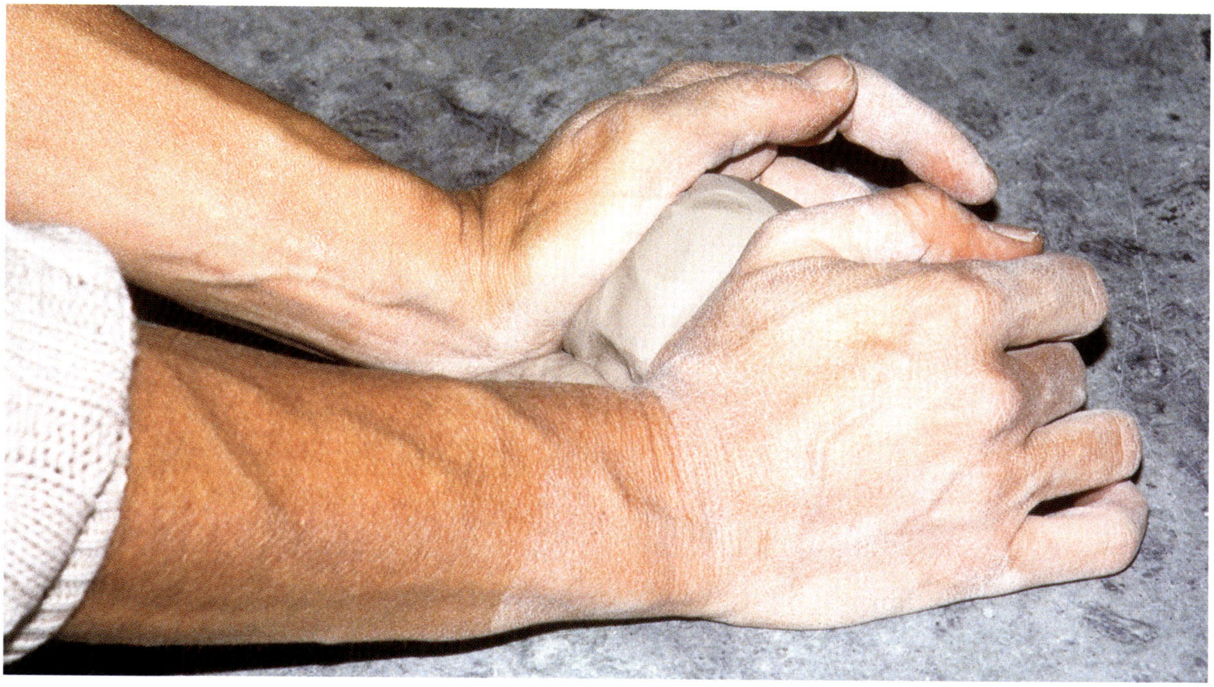

1. Battage du morceau de terre: il s'agit de chasser les bulles d'air en frappant à plusieurs reprises la balle d'argile énergiquement sur une table, en la tournant au fur et à mesure.

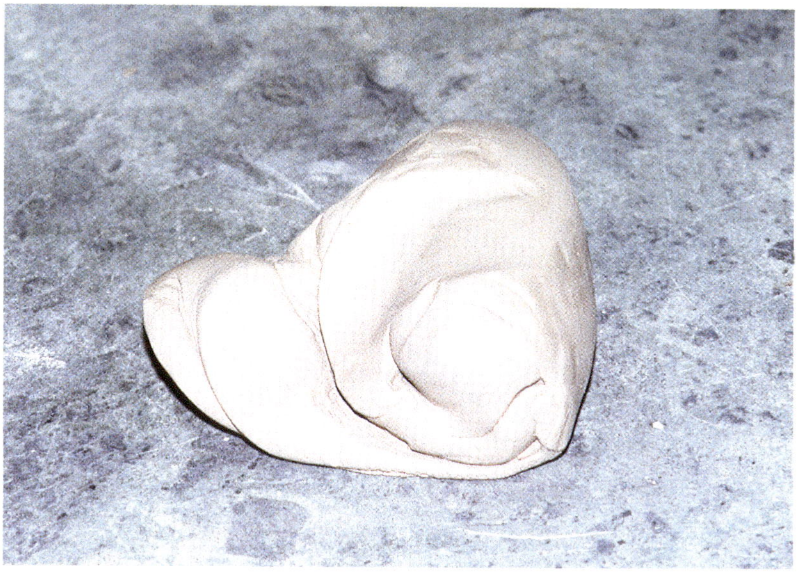

2. Après le battage, la terre subit un pétrissage méticuleux qui augmente sa plasticité.

3. A gauche: *Répétez l'opération pour les autres terres de couleur, puis aplatissez-les à l'aide d'un rouleau en bois. Libre à vous de choisir les couleurs et leur nombre.*

4. Les plaques colorées sont empilées. Il faudra maintenant frapper le bloc ainsi constitué, avec le plat de la main: pour chasser les bulles d'air et pour l'écraser légèrement.

5. En bas: *Avec le fil à découper, on sépare le bloc en deux morceaux – que l'on superposera, frappera, aplatira comme avant.*

6. Le nouveau bloc est, à son tour, coupé en deux. La superposition, l'aplatissement et le découpage en deux peuvent encore se répéter: plus les rayures doivent être fines, plus il faudra répéter l'opération.

7. Toujours à l'aide du fil, on découpe les blocs rayés en lamelles, dans le sens de la longueur. L'épaisseur des lamelles sera de 2 à 3 mm pour les incrustations de surface, mais de 7 à 8 mm pour constituer un motif dans toute l'épaisseur de la plaque.

8, 9. En alignant les lamelles sur un support égal et lisse – en marbre, par exemple – on les enroule de manière à se constituer un baston de terre.

10. *Le baston de terre devrait être tassé de manière à obtenir le diamètre voulu pour la pièce envisagée.*

11. En bas: *L'intérieur marbré du baston.*

Première variante: le petit marbré (ou marbré serré)

Notre marbré est déjà constitué à l'intérieur du baston; nous n'avons plus qu'à le faire apparaître en procédant à une découpe supplémentaire.

- Posons notre cylindre de terre sur l'une des sections et découpons à partir de l'autre section des tranches: dans le cas présent, pour la fabrication d'une coupelle d'environ 7 mm d'épaisseur. Ajoutons que ce cylindre devra avoir un diamètre de 12 à 13 cm, correspondant au diamètre de la coupelle à réaliser.
- Etirons légèrement la plaque obtenue à l'aide du rouleau de bois. Il faut en effet prévoir (comme en couture) 1 cm de plus. Par exemple: si notre coupelle fait 12 cm de diamètre, prévoir une plaque de 13-14 cm, pour être assuré qu'elle suffira à recouvrir parfaitement la paroi du moule. Il ne nous reste plus qu'à la disposer dans ce moule en creux.

Pour les marbrés, comme pour toutes les techniques présentées dans ce livre, il s'agit d'attendre le séchage (3 à 5 jours), puis de poncer à la laine d'acier de manière à dégager les motifs (voir "Le séchage", page 72).

1. Il s'agit d'abord de créer un cylindre de terre marbrée, en suivant les étapes illustrées ci-dessus. Il doit faire de 12 à 13 cm de diamètre, correspondant au diamètre de la pièce envisagée. On en voit ici une tranche, avec le moule en creux que l'on va utiliser pour la coupelle.

2. Découpage de la plaque dont la coupelle sera faite, à l'aide de la taillette. L'épaisseur de la plaque sera d'environ 7 mm.

3. La plaque devra être étirée à l'aide de votre rouleau en bois, de manière à la rendre légèrement plus large que la coupelle: si celle-ci fait 12 cm de diamètre, prévoir une plaque de 13 à 14 cm.

4. Disposition de la plaque dans le moule. Celui-ci est centré sur la tournette et maintenu par des taquets de terre.

5. Faire tourner la tournette, en appuyant une éponge humide sur la terre jusqu'à ce que celle-ci épouse parfaitement la paroi du moule.

6. Une fois sec (voir Chapitre 9), un frottage à la laine d'acier fait paraître le motif marbré.

Ci-contre: *Détail de l'assiette, page 30.*

Deuxième variante: le marbré lâche

Nota: pour le marbré lâche, prévoir des rayures pas trop fines.

Il s'agit tout d'abord de refaire la même opération que nous avons décrite ci-dessus pour le début de la préparation d'un petit marbré (voir les photos 1-5, pages 31-32). Ensuite:

– Le baston de terre préparé de la même manière, nous allons cette fois le sectionner en trois tronçons, puis malaxer chacun d'eux légèrement pour étirer le marbré serré précédent. Après nous reconstituerons le baston et enfin couperons de nouveau des tranches de 7 mm d'épaisseur.

– Nous allons maintenant poser notre moule sur une tournette en le calant avec un peu de terre, puis prendre notre plaque a deux mains et la disposer sur la paroi du moule en lui faisant épouser parfaitement la forme prévue.
Il suffira pour cela de la plaquer tout doucement à l'aide d'une éponge humide.

Nous avons choisi un objet simple mais le même principe peut s'appliquer sur des supports plus compliqués; dans ce cas-là, le procédé reste le même, seule la manipulation devient plus délicate.
A partir de ce principe, à vous de savoir selon votre habileté si vous êtes à même de vous essayer sur des supports plus complexes: vases, bougeoirs, pieds de lampe etc...

1. Diviser un bloc de rayures en deux.

2. La moitié de gauche a été légèrement aplatie.

3. Rouler le morceau aplati sur lui-même dans le sens de la longueur. Faire le même mouvement pour l'autre morceau.

4. Superposer les morceaux et bien les tasser sans trop manipuler la terre.

5. En découpant le bloc de terre qui en résulte, on découvre le marbré lâche.

6. Avec le rouleau, vous donnerez à votre plaque la dimension souhaitée.

Un bel exemple d'un marbré lâche.

7. Motifs géométriques

Dans le chapitre concernant les différents types de décors imaginés par les adeptes du nériage, nous avons commencé par les motifs marbrés.
Ce sont certainement les plus traditionnels.
Les motifs marbrés ont par ailleurs l'avantage de permettre au céramiste amateur de voir son inspiration épaulée par le hasard et l'accidentel; de se transformer ainsi en explorateur; d'en découvrir des formes et de la beauté, une beauté qu'il dévoile au moins autant qu'il ne la suscite.
Il en est bien d'autres pourtant qui le tenteront au fur et à mesure que leur maîtrise du métier s'affermira.
A partir du principe des couches superposées, nous disposons d'une multitude de possibilités pour construire ou faire apparaître des motifs géométriques d'une grande richesse.

Ce cendrier créé par l'auteur montre les possibilités du travail géométrique.

Première variante: la rayure

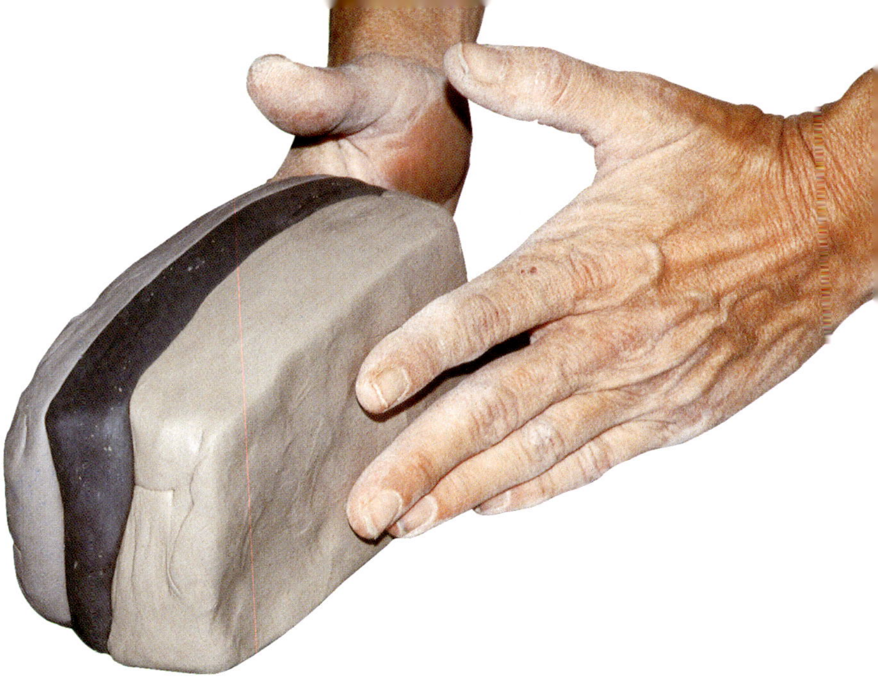

Il s'agit du motif géométrique plus simple et le plus élémentaire.

– Comme pour notre marbré, partons de trois couleurs: bleu foncé, bleu clair, blanc; et procédons de la même manière que pour ce marbré, en ce qui concerne les premières opérations, du moins.

– Lorsque nous avons fini d'empiler les lamelles découpées au fil, basculons le bloc de terre sur la tranche; les rayures sont prêtes.

– A l'aide toujours de notre fil, dégageons plusieurs lamelles que nous installons à plat les unes à côté des autres. Ecrasons-les légèrement au rouleau dans le sens de la longueur pour éviter les déformations du dessin. Nous obtenons ainsi une plaque rayée que nous allons utiliser dans un moule en bosse ou en creux, selon l'objet que nous projetons de réaliser.

1. Préparer un bloc à partir de trois plaques de couleur: bleu clair, bleu foncé, blanc.

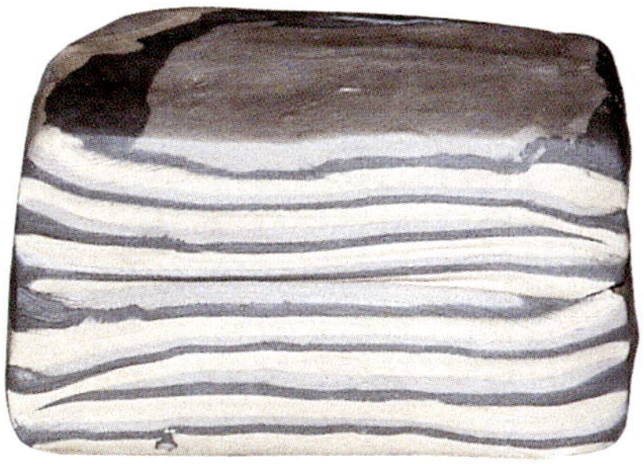

2. Préparer un bloc de rayures comme nous l'avons expliqué dans le chapitre sur les marbrés. Tasser.

3. Basculer le baston sur la tranche et découper avec le fil des lamelles rayées d'environ 5 mm d'épaisseur.

4. Sur une feuille de plastique – pour éviter que la terre reste collée au support – poser les lamelles les unes à côté des autres. Recouvrir d'une autre feuille de plastique avant de les aplatir avec le rouleau en bois, vous préviendrez ainsi tout problème d'adhérence.

5. Pose de la plaque ainsi obtenue sur un moule en bosse, afin de lui donner sa forme. Pour le façonnage, voir l'assiette Jeu de cartes, *page 63.*

Deuxième variante: le tressage

Le tressage est un autre motif relativement aisé à construire.
Il s'agit de préparer deux bastons de rayures. Pour que ce motif en tressage soit plus lisible, il est préférable de n'adopter pour le réaliser que deux couleurs bien contrastées: bleu et blanc, par exemple.

- Nous disposons ces deux bastons de terre l'un sur l'autre, mais en les inversant (voir photo 2, page 48).

- Le bloc de terre ainsi monté, frappons-le énergiquement sur la table – sans trop l'écraser toutefois – afin que les deux morceaux adhèrent parfaitement l'un à l'autre.

- Posons notre bloc sur la tranche, sans oublier que c'est précisément sur cette tranche que se trouve le motif désiré.

- Avec notre couteau, découpons, juxtaposons et constituons une plaque que nous utiliserons selon la forme désirée.

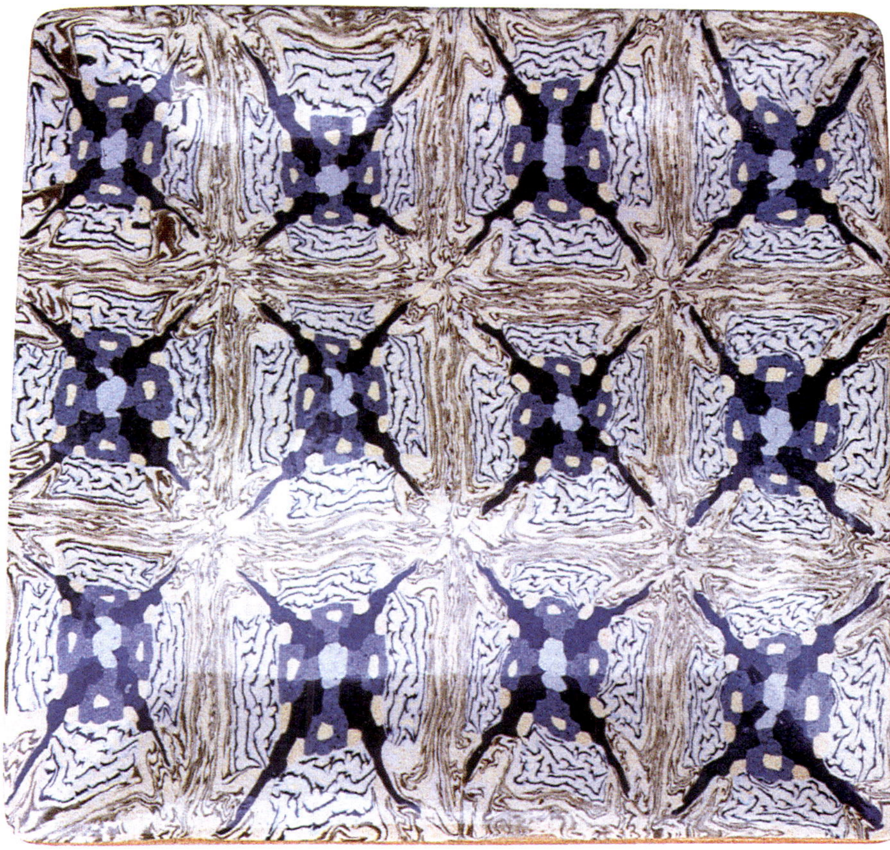

Cendrier fait à partir d'un motif géométrique répété.

1. Préparer un baston de rayures fines à partir de 2 ou 3 couleurs bien contrastées. Le couper en 2 parties égales dans le sens de la longueur.

2. Poser la première moitié de votre baston de manière à ce que les rayures soient à la verticale. Poser dessus l'autre moitié, les rayures à l'horizontale. Tasser légèrement.

3. Basculer le bloc sur le côté, puis découper des tranches de 4-5 mm d'épaisseur.

4. Sur une feuille de plastique, déposer les tranches en quinconce. Recouvrir d'une autre feuille de plastique, puis solidariser les morceaux en écrasant la plaque légèrement avec le rouleau.

5. Vous obtenez ainsi une plaque à motif de tressage que vous pourrez monter sur un moule de votre choix.

Détail du cendrier, page 47.

Troisième variante: les plumes

Il s'agit d'un motif très prisé et très pratiqué par certains potiers japonais, qui en approfondissent le raffinement: l'effet de plumes.

- Préparons avant tout un baston de rayures, comme indiqué pour le tressage. Il est préférable au début de n'utiliser que deux couleurs.

- Fabriquons une plaque rayée selon le processus décrit ci-dessus (page 44).

- A ce point nous pourrons faire notre choix entre deux possibilités:

  a) ou bien nous appliquerons cette plaque rayée (d'environ 2 mm d'épaisseur) sur une plaque d'argile blanche d'une épaisseur approximative de 5 mm, qui lui servira de support;

  b) ou bien notre plaque rayée sera suffisamment épaisse et le motif s'inscrira dans toute son épaisseur.

- Dans le sens de la hauteur, plions, enroulons notre plaque sur elle-même. De nouveau nous disposons d'un bloc que nous tassons en le frappant sur la table.

- Disposons-le sur la tranche.

- Avec le fil, découpons des lamelles qu'une fois de plus nous poserons les unes près des autres. Nous obtenons ainsi une plaque au décor évoquant la finesse d'un plumage.

Une assiette qui illustre la belle complexité visuelle des terres mêlées.

1. Préparer une plaque de rayures assez fines. Cet exemple utilise trois couleurs.

2. Enrouler la plaque sur elle-même, en suivant l'orientation des rayures montrée sur la photo.

5. Ci-contre: *Sur une feuille de plastique, poser les lamelles les unes à côté des autres pour former une plaque. Recouvrir d'une autre feuille de plastique et solidariser à l'aide du rouleau.*

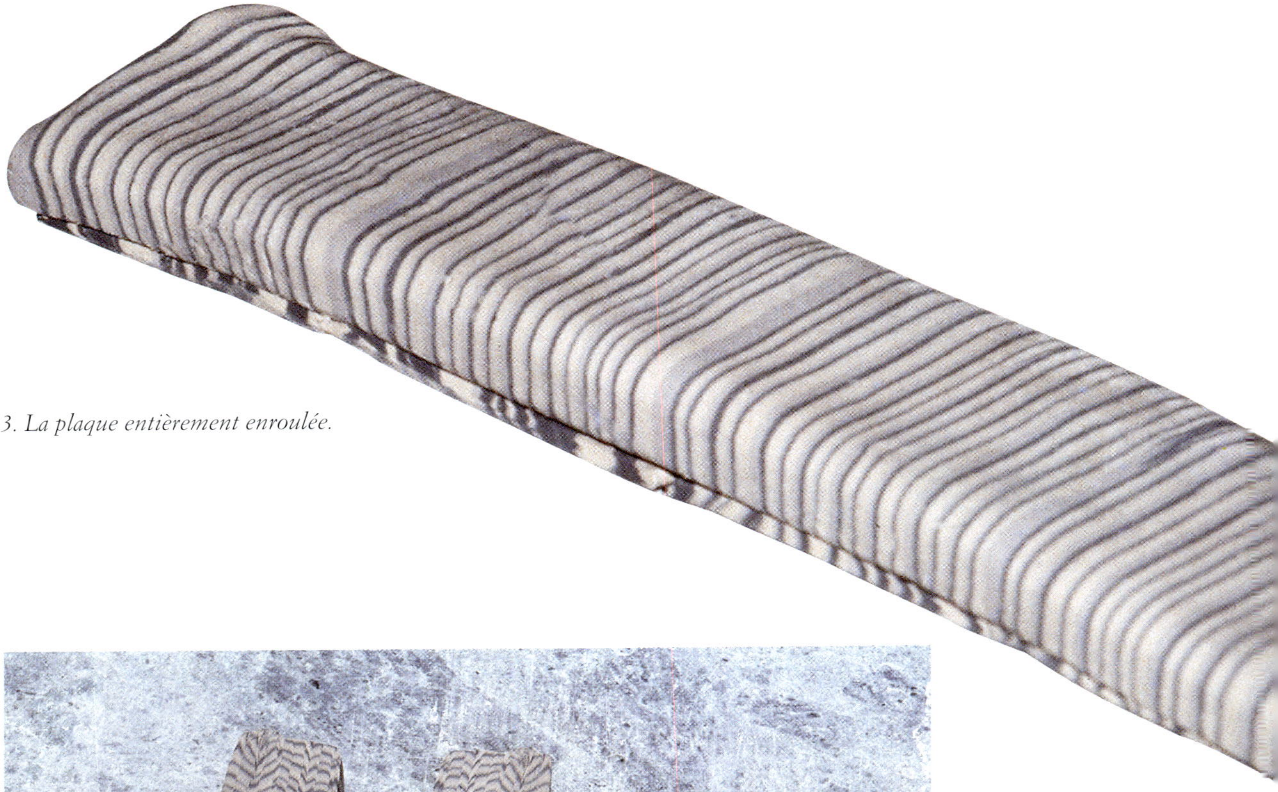

3. La plaque entièrement enroulée.

4. Dans le sens de la longueur, découper des lamelles de 4 à 5 mm d'épaisseur.

6. Poser la terre sur un moule en bosse et la plaquer sur ce support avec une éponge humide.

7. Découper les parties qui dépassent sur les côtés. Laisser sécher. Pour la façonnage de la pièce, voir Chapitre 8: Les Incrustations.

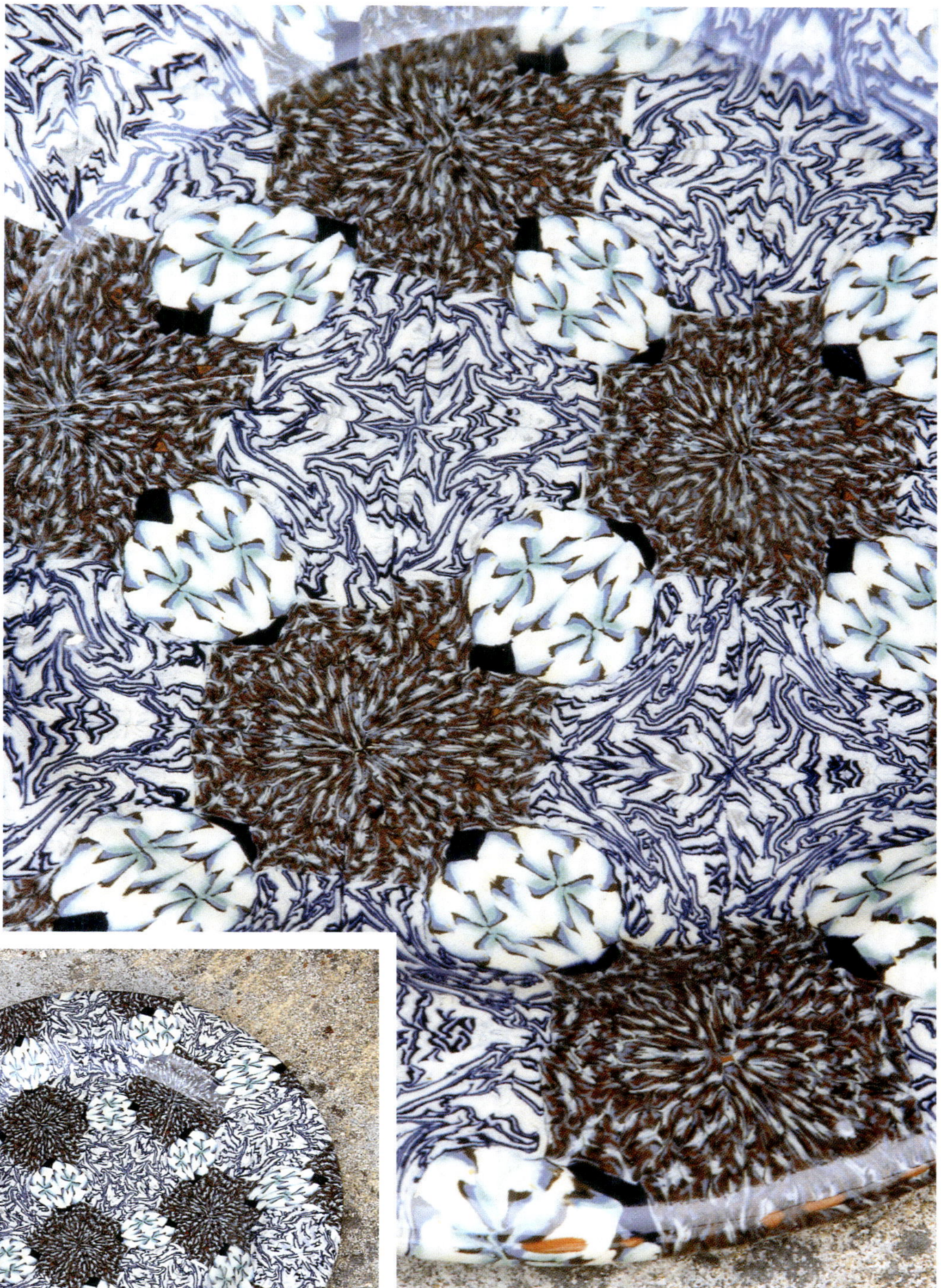

Assiette à fleurs, avec détail.

Quatrième variante: les petits carrés (damier)

Autre motif géométrique très prisé et pourtant bien élémentaire: les petits carrés, ou damier.

- Fabriquons une série de colombins (rouleaux de terre) blancs et une série de bleus.
- Empilons-les les uns sur les autres en intercalant les couleurs.
- Tassons, retournons sur la tranche, découpons, assemblons comme pour les motifs précédents.

Pour aller plus loin...

Les quatre décors que nous venons de décrire succinctement présentent déjà, malgré leur simplicité, une infinité de combinaisons possibles quant à la couleur, la dimension, la disposition, etc. Il en existe bien d'autres, beaucoup d'autres.
A vous de les imaginer, de les découvrir, de les fabriquer, de les rêver...

Il faut parfois savoir (et oser) introduire une "variation" qui met en valeur le motif global.

1. A partir de colombins (rouleaux de terre), préparer des rayures pas trop fines en deux couleurs: bleu marine et blanc, par exemple. Ensuite, comme précédemment, découper des lamelles rayées de 4 à 5 mm d'épaisseur.

2. Empiler les lamelles en quinconce, puis découper des tranches dans le bloc ainsi obtenu.

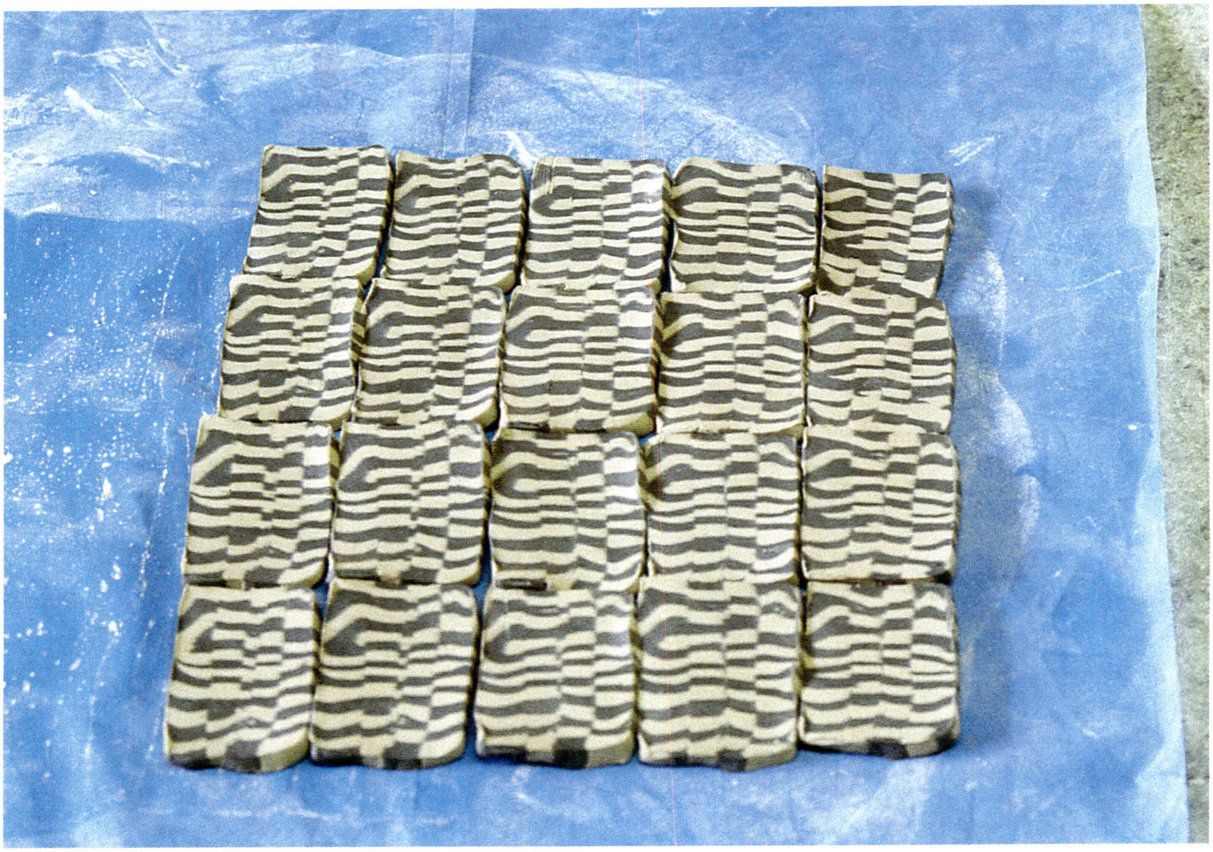

3. Sur une feuille de plastique, poser les morceaux les uns à côté des autres. Recouvrir d'une autre feuille de plastique.

4. A l'aide du rouleau, solidariser les morceaux afin d'obtenir une plaque que vous pourrez adapter à une forme de votre choix.

8. Les incrustations

Il nous faut maintenant aborder une technique qui s'apparente de très près à celle du nériage, qui n'en est même dans une certaine mesure qu'une variante un peu sophistiquée: celle des incrustations. Cette technique ressemble aussi, comme on l'a souvent remarqué, à celle de la marqueterie.
Il s'agit d'insérer des motifs de toutes natures (dessins figuratifs ou abstraits), préalablement composés avec des terres colorées aux oxydes métalliques dans une plaque de terre d'une autre couleur. Après quelques heures de séchage, un méticuleux grattage à l'estèque puis un ponçage tout aussi minutieux à la laine d'acier ou au tampon jex, en soulignent les contrastes de couleurs et les contours du dessin.

Grâce à cette assiette de Mireille de Reilhan, la beauté éphémère des papillons ne nous échappe plus.

Maintes possibilités

Cette technique offre au céramiste un éventail de possibilités graphiques infini. Les motifs préalablement construits avec des terres colorées, découpés finement, assemblés et enfin insérés dans la surface de la plaque peuvent avoir la précision d'un dessin réalisé au pinceau: oiseaux, poissons, fleurs…
Un émaillage transparent en accentuera les chatoiements et la brillance.

Précautions à prendre

Le seul problème qui se pose alors, c'est d'éviter bien entendu que la pièce ne se fissure. Il faut pour cela que le décor incrusté ait un taux de retrait inférieur à celui du support. On éliminera pratiquement ce risque en ajoutant une chamotte fine ou du blanc d'Espagne à la terre utilisée pour ce décor.
Rappelons que la chamotte (argile biscuitée et broyée) a la fonction de réduire le retrait lors de la cuisson.

Belles formes, couleurs vives: les papillons sont un sujet de prédilection de Mireille de Reilhan.

Un motif simple: *Jeu de cartes*

Mais prenons un exemple facile à réaliser pour un céramiste débutant et qui aura de plus l'avantage de mettre en œuvre les principes du marbré et des motifs géométriques que nous avons déjà expérimentés.

- Préparons une plaque marbrée de 5 mm d'épaisseur, que nous gardons recouverte d'un plastique fin (sac poubelle!).
- Fabriquons un baston de petits carrés (voir le Chapitre précédent) dans lequel nous découpons des tranches.
- Dans ces tranches (de 5 mm d'épaisseur environ), découpons un motif de notre choix: un cœur, par exemple. L'utilisation d'un emporte-pièce rendra cette découpe parfaitement régulière.
- Reprenons notre plaque marbrée et étirons-la légèrement à l'aide du rouleau. Nous évidons la plaque aux endroits voulus, en nous servant des emporte-pièce déjà utilisés. Puis, installons dessus nos morceaux préalablement découpés en composant le décor qui nous convient.
- A l'aide du rouleau toujours, écrasons légèrement le tout de manière à ce que les motifs découpés s'insèrent dans la plaque. Avec un peu de patience et d'imagination le résultat peut être surprenant et superbe.
- Disposons délicatement notre plaque sur le moule en bosse en prenant bien soin que le côté de la plaque où nous avons disposé nos motifs soit celle qui est contiguë à la surface du moule.
- Faisons tourner la tournette sur laquelle le moule est installé et lissons notre pièce avec une éponge humide.

En pratiquant cette opération, nous allons momentanément recouvrir notre pièce d'une fine pellicule de terre qui va obscurcir le dessin.
Ce n'est qu'après le séchage que nous ferons réapparaître ce dessin en ponçant la pièce à la laine d'acier.

Pour les incrustations, comme pour toutes les techniques présentées dans ce livre, il s'agit d'attendre le séchage (3 à 5 jours), puis de poncer à la laine d'acier de manière à dégager les motifs (voir Le séchage, page 72).

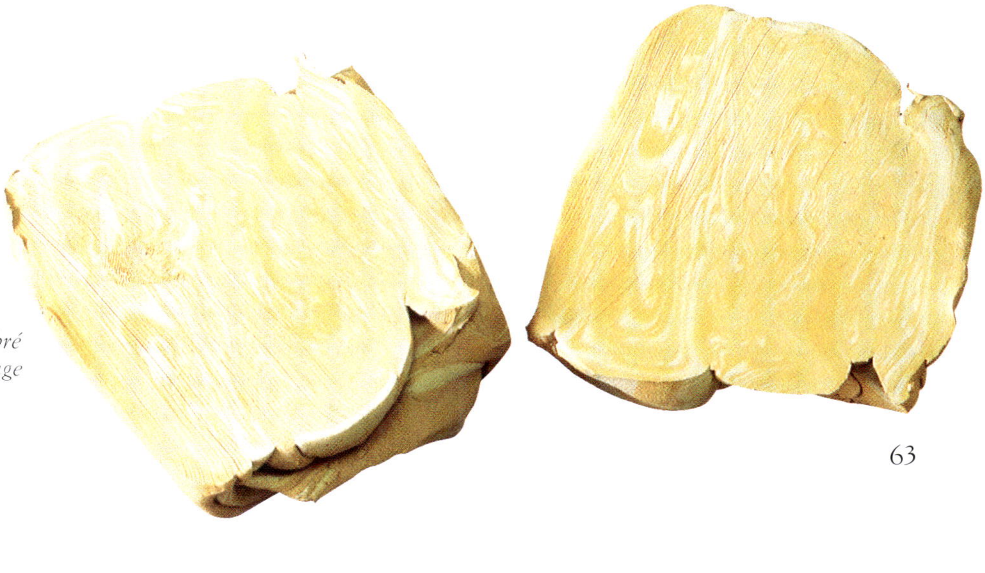

1. Préparer un baston de marbré lâche (voir Chapitre 6), en rouge et blanc, de 5 mm d'épaisseur.

2. Faire une plaque ronde au diamètre voulu, en se souvenant que la plaque doit être légèrement plus large que le moule que l'on va utiliser.

4. Ci-contre: *Evider la plaque de marbré, à l'aide des emporte-pièce. Remplir les trous par les motifs correspondants, découpés également à l'emporte-pièce dans la plaque de petits carrés.*

3. Préparer une plaque de petits carrés de 5 mm d'épaisseur (voir Chapitre 7). Se munir d'emporte-pièce des formes souhaitées.

5. A l'aide du rouleau, écraser très légèrement la plaque de manière à solidariser les motifs sans les déformer.

6. Installer la plaque sur un moule en bosse, la plaquer et la lisser à l'aide d'une éponge humide.

7. Préparer un petit colombin pour faire le pied de l'assiette. Mettre la tournette en rotation, poser le pied.

8. L'assiette est pratiquement terminée. En maintenant la tournette en rotation, lisser la pièce à l'estèque.

9. L'assiette Jeu de cartes.

A droite: *Il n'y a pas que des papillons et des jeux de cartes dans ce bas monde! Les poissons se prêtent tout aussi bien au travail d'incrustation.*

Ci-dessous: *Détail de la même assiette.*

A droite: *On remarquera ici l'utilisation de bandes assez espacées d'argiles colorées. N'hésitez pas à varier ainsi vos motifs.*

Ci-dessous: *Ce détail montre l'extrême précision du travail de l'auteur.*

Il faut de tout pour faire un monde. Ne vous laissez pas "coincer" par un seul sujet, une seule technique. Faites comme l'auteur qui n'a de cesse de chercher la variété dans ses sujets et dans sa manière de les aborder.

9. *Séchage, émaillage, cuisson*

Ci-contre: *Séchage en plein air de pièces marbrées et autres, après le démoulage.*

Le séchage

S'il est une opération beaucoup plus délicate qu'il n'y paraît à première vue, c'est bien du séchage qu'il s'agit.

Dans les exemples proposés au cours de ce livre, nous avons tenté de décrire en quelques lignes la méticulosité dont doit faire preuve le céramiste pour en arriver au stade où nous en sommes: délicatement plaquée sur la paroi du moule, la feuille d'argile deviendra après séchage et cuisson une coupelle au décor marbré, une assiette, un cendrier…
La hantise de l'artisan en ce qui concerne ces deux dernières opérations, c'est de voir sa pièce gâchée par des fentes, des boursouflures, des déchirures, des déformations ou des gauchissements de toute nature qui viendraient compromettre son œuvre irrémédiablement.
Nous parlerons de la cuisson par la suite; arrêtons-nous pour l'instant au séchage.

La quantité d'eau que peut absorber une masse d'argile pour acquérir la plasticité nécessaire au travail du modelage auquel nous la destinons, est considérable: 30 à 40 pour cent de son poids!
Il s'agit de ce que l'on appelle l'eau de constitution, c'est-à-dire des molécules d'eau qui sont associées structurellement aux molécules de l'argile et qui ne disparaîtront qu'à la cuisson.
Et il s'agit, aussi, de l'eau d'humidification, c'est-à-dire de l'eau absorbée par l'argile comme par toute autre matériau non imperméable que l'on aurait mouillé; si ce n'est que la capacité d'absorption de celui-ci qui est très importante.

L'évaporation de cette eau va provoquer un phénomène de retrait – de rétrécissement – tout aussi important.
Pour éviter ces déchirures, ces déformations tant redoutées, il va falloir que le séchage se déroule lentement et uniformément, afin de permettre un rapprochement progressif des particules d'argile tout au long de l'évaporation de la pellicule d'eau qui les sépare.
Une évaporation trop brutale rendrait ce rapprochement chaotique. Dans une atmosphère saturée, aucune

évaporation ne pourrait avoir lieu. Par contre, une atmosphère trop chaude ou trop sèche (en plein soleil ou en plein vent, par exemple) provoquerait une évaporation beaucoup trop rapide.
Il est donc conseillé de garder notre argile en forme dans un endroit sec et abrité; puis de la décoller de son moule. Le séchage est déjà suffisant pour qu'elle se libère de la paroi du moule en donnant simplement de petits coups secs sur celui-ci avec le tranchant de la main; de l'envelopper ensuite dans une feuille de plastique et de la laisser sécher, cette fois pendant 2 ou 3 jours, posée sur une plaque de bois.
Nous n'aurons plus alors qu'à la poncer avec une laine d'acier pour en faire apparaître les motifs et en faire disparaître les imperfections.

L'émaillage

Avant d'en arriver enfin à la phase finale, celle de la cuisson, qui viendra sceller en quelque sorte l'imagination dont on aura fait preuve, il nous faut dire quelques mots d'une opération qui dans cette technique du nériage ne revêt pas de grandes difficultés mais qui n'en a pas moins son importance: l'émaillage.

– Nous utiliserons un émail transparent qui accentuera la vivacité des couleurs et précisera le contour du dessin tout en assurant aux

L'émaillage par trempage à la pince ne convient bien sûr qu'aux pièces peu importantes.

Blanc au début, l'émail sera rendu transparent par la cuisson.

pièces une imperméabilité indispensable pour certaines: vases, assiettes…

- Il s'agira simplement d'une couverte que l'on réalisera en trempant dans un bain d'émail à l'aide de la pince à émailler notre pièce préalablement biscuitée (c'est-à-dire ayant subie une première cuisson) avant de la faire cuire de nouveau.
- A la température appropriée, lors de cette seconde cuisson, l'émail (composé silicieux proche du verre) rendra la pièce imperméable en se vitrifiant.
- Le trempage à la pince n'est bien sûr possible que pour les pièces relativement petites. Les objets plus volumineux nécessiteront un émaillage au pinceau ou à la pulvérisation, à l'aide soit d'un pistolet, soit d'un pulvérisateur à air comprimé (du type utilisé pour la peinture).
- Dans le cas d'une pièce biscuitée très poreuse, on pourra mouiller la pièce avant le trempage ou la pulvérisation pour diminuer sa capacité d'absorption.

La cuisson

Comme nous le suggérions ci-dessus:
La vie du potier est aussi marquée par les inquiétudes des cuissons qui sanctionnent en quelques heures tout son travail antérieur. (Bernard Leach)
C'est dire que cette opération, délicate entre toutes, exige du céramiste un savoir-faire exigeant et surtout une compétence technicienne qui ne supporte absolument aucune approximation.

La cuisson se pratique en deux temps:

La première cuisson
Au sortir de première cuisson le tesson reste poreux et perméable.
On l'appelle alors le *biscuit* ou le *dégourdi*.

Températures conseillées:

Pour les terres cuites rouges:
1000 à 1180 °C

Pour les terres cuites blanches:
1060 à 1140 °C

Pour le grès:
1200 à 1300 °C

Pour la porcelaine:
1280 à 1350 °C

La deuxième cuisson
Pendant la deuxième cuisson la glaçure dont on a recouvert le tesson fond sous l'action de la chaleur et adopte la consistance du verre, à condition que la température soit suffisante (1250° à 1400°). A cette température l'émail n'est plus qu'une simple couverte comme pour le grès ou la terre cuite, mais il se combine chimiquement avec l'argile utilisée.

Fidèle au poste: le four de l'auteur de ce livre.

En ce qui concerne les terres *basses températures* (faïence ou terre vernissée) que nous utilisons dans le nériage, la deuxième cuisson n'a généralement pour fonction que de durcir l'émail, dont le rôle alors est avant tout décoratif. Dans cette perspective, une cuisson à basse température (980° environ) s'avère suffisante, mais l'imperméabilité de la pièce n'est pas assurée.
De toute manière, si l'on achète des argiles et des émaux tout préparés, la température de cuisson est toujours indiquée sur l'emballage.

La monocuisson
Il serait possible par ailleurs de ne cuire la pièce qu'une seule fois en l'émaillant à cru. Mais les difficultés de manipulation d'une pièce crue pendant l'émaillage ou l'enfournement rendent cette monocuisson peu rentable. D'autre part, l'émaillage pratiqué sur des pièces non biscuitées entraîne souvent lors de la cuisson des cassures et des boursouflures irrémédiables.
La fragilité des pièces réalisées par cette méthode du nériage nous fera de ce fait préférer la double cuisson.

Les fours

Le four électrique
Dans le four électrique un rayonnement calorifique est engendré par un courant qui parcourt un réseau de résistances savamment disposées à l'intérieur du four. Les briques réfractaires qui en tapissent toute la surface interne empêchent la chaleur de s'échapper; au point que la température atteinte approche celle des résistances.

Le four à gaz
Dans le four à gaz il y a des brûleurs qui dispensent la chaleur.

Le four à bois
C'est bien sûr le type de four plus ancien et le plus traditionnel. Il est alimenté par des fagots de bois sec ou autres combustibles.
Si le four à bois est encore utilisé de nos jours malgré son côté peu commode – difficulté d'alimentation et surveillance permanente indispensable – c'est qu'il s'accorde aussi à la recherche sur les effets de matières et de décors auxquels se livrent de plus en plus beaucoup de céramistes.

Pour conclure...

Le four, c'est pour le céramiste l'outil par excellence; puisque la céramique est avant tout de la *terre cuite*.
L'épreuve de vérité, donc; le cocon au sein duquel la chrysalide se livre à son étrange métamorphose, pendant que l'artisan croise les doigts pour que de celle-ci s'envole, à l'ouverture des portes, ce qu'il faut bien appeler une œuvre d'art. Aussi modeste soit-elle.

6 KW
fourmatic
PETIT FEU
GRAND FEU
9A
9A

Postface

“Il y a de la magie dans tout cela”, nous dit Mireille de Reilhan, qui nous invite par ailleurs à “nous laisser séduire par l’imprévu” et à “rêver autour de ce que le hasard nous propose.”
Et ce four qui lui suggère le cocon de la chrysalide d’où jaillira le papillon chatoyant… Le papillon, seulement le papillon? Une modeste œuvre d’art?
Cet explorateur patient qui part à la recherche des formes, ce poète technicien, que cherche-t-il vraiment – ou simplement, que cherche-t-il *aussi*?

Avez-vous vu travailler un potier, un céramiste? Pas de grandiloquence dans ses gestes; pas de discours exalté. Une sorte de quiétude, de sérénité; une détermination tranquille.
Il y a du paysan dans tout cela; du marcheur; de celui pour qui voyager loin ménage sa monture. Ses éblouissements tout comme ses inquiétudes sont mesurés. Non par tiédeur – bien au contraire, mais par nécessité. Il sait que les grands tumultes, les cris et les fureurs auxquels peut se livrer un peintre ou un musicien ne lui sont pas permises. De toute manière, ils ne sont ni dans sa nature, ni dans son art. Il sait trop que celui-ci ne supporte pas l’approximation, la poudre aux yeux.
Les exigences techniques auxquelles il se soumet de bon cœur font partie intégrante de sa démarche. Je ne parle pas simplement de sa pratique, mais de ce que l’on peut bien nommer sans emphase sa démarche intérieure.
Et s’il se livre parfois au hasard et à l’accidentel, s’il s’autorise

à parier sur la Providence, ce n'est jamais pour fuir le réel. Ce réel, le potier y reste au contraire bien ancré.

Les yeux au ciel, et même dans les nuages; mais, les pieds sur terre. Oui, que cherche-t-il, cet artiste-artisan?
La magnificence de l'œuvre aboutie?
Mais, de quelle nature est-elle donc, cette œuvre sans cesse recommencée au travers des objets multiples qui sortent de son four?
Ces œuvres partielles n'en sont de la grande que de jolis avatars.
N'a-t-elle pas en effet quelque chose à voir avec le "grand œuvre" des Alchimistes?
Autant que le cocon de la chrysalide, le four du potier est un peu l'"athanor" de l'Initié, au sein duquel la difficile transmutation du métal vil en or pur se réalise ou tout du moins s'espère. Or et transmutation symboliques bien entendu.
A un niveau plus grave, ce qu'il s'agit de purifier, de délier, c'est l'esprit de l'alchimiste, avili par les lourdeurs et les scories dont la vie l'a encombré. Alors, que cherche-t-il vraiment, ce travailleur de la terre? Ne serait-ce pas un peu lui-même?

Alain Perraud